Uma casa na areia

PABLO NERUDA

Uma casa na areia

Fotografias de
LUIS POIROT

Tradução de
JOSELY VIANNA BAPTISTA

1ª edição

JOSÉ OLYMPIO

Rio de Janeiro
2025

Título original: *Una casa en la arena*

Projeto de miolo: Ilustrarte Design
Capa: Maikon Nery

CIP-BRASIL. CATALOGAÇÃO NA PUBLICAÇÃO
SINDICATO NACIONAL DOS EDITORES DE LIVROS, RJ

N367c

Neruda, Pablo, 1904-1973
Uma casa na areia / Pablo Neruda ; fotografia Luis Poirot ; tradução Josely Vianna Baptista. - 1. ed. - Rio de Janeiro : José Olympio, 2025.

Tradução de: Una casa en la arena
ISBN 978-65-5847-206-3

1. Poesia chilena. I. Poirot, Luis. II. Baptista, Josely Vianna. III. Título.

25-98511.0 CDD: 868.99331
CDU: 82-1(83)

Gabriela Faray Ferreira Lopes - Bibliotecária - CRB-7/6643

Texto revisado segundo o Acordo Ortográfico da Língua Portuguesa de 1990.

Reservam-se os direitos desta tradução à
EDITORA JOSÉ OLYMPIO LTDA.
Rua Argentina, 171 – 3º andar – São Cristóvão
20921–380 – Rio de Janeiro, RJ
Tel.: (21) 2585–2000.

Impresso no Brasil
2025

Confesso que vim.

Gabriel García Márquez,
livro de visitas da casa de Isla Negra

NOTA DA EDIÇÃO ESPANHOLA (2023)

Uma casa na areia é um livro que reúne poemas e textos escritos por Pablo Neruda ao longo de dez anos, entre 1956 e 1966. Uma homenagem a seu lar, ao mar, à sua casa-navio em Isla Negra, o lugar onde escreveu uma parte importante de sua obra literária – ali começou a escrever seu grande *Canto geral* –, reuniu a maioria de seus livros e amigos e compilou os tesouros marinhos de suas viagens pelo mundo: carrancas de proa, barcos em miniatura e dentes de cachalote. Os poemas que compõem este livro são uma relação desses objetos, de suas vivências, da paisagem e das pessoas que o acompanhavam.

A casa de Isla Negra fica em frente ao oceano, "numa costa furiosa do Pacífico, com grandes ondas e algas, rochedos, naufrágios", a cerca de quarenta quilômetros ao sul de Valparaíso. O escritor a adquiriu em 1939, quando era uma casa de pedra semiacabada, à qual foi acrescentando reformas ao longo do tempo. Hoje em dia, a casa de Pablo Neruda em Isla Negra, bem como suas outras duas casas – La Chascona e La Sebastiana, em

Santiago do Chile e Valparaíso –, estão abertas ao público como casas-museus, graças ao trabalho da Fundación Pablo Neruda.

Companheiros, enterrai-me em Isla Negra,
diante do mar que conheço, de cada área rugosa de pedras
e das ondas que meus olhos perdidos
não voltarão a ver.

"Disposições", *Canto geral*

PRÓLOGO

CAMINHOS CRUZADOS

Esta história tem vários começos. Um deles talvez seja a publicação pela editora Lumen de *Uma casa na areia*, ou as fotos de Neruda que registrei em 1969 em Isla Negra e depois em 1970, pouco antes de sua partida para a embaixada do Chile na França. Depois, a leitura de seus poemas e prosas, o ocultamento de todos os meus negativos da destruição da barbárie golpista, por corajosas mãos cúmplices, vários anos mais tarde resgatados por meu irmão Carlos, que os fez sair por mala diplomática da embaixada da França e chegar a Paris para se reunir comigo e, assim, restituir a memória que certa noite apresentei num jantar na casa de Esther Tusquets, a qual manifestou sua vontade de reeditar o livro com minhas fotos, projeto que não deu frutos. Mais tarde, uma exposição da prefeitura de Barcelona em 1983, precedida por, no ano anterior, minha primeira viagem ao Chile desde 1973, à qual se seguiram outras, sob a proteção do passaporte espanhol. Durante breves semanas de inverno, fotografei suas casas ameaçadas de roubo e de pilhagem, os amigos que não se esqueceram e o povo anônimo que deixou suas mensagens de esperança na paliçada de Isla Negra, A Casa na Areia.

E depois, as quase incontáveis exposições em todos os continentes e, às vezes, em cidades remotas, mas onde chegou o alento da poesia de Neruda, que não morre e se faz voz de todos.

Ele já tinha dito:

... e não há esquecimento, não há inverno que te apague,
irmão fulgurante, dos lábios do povo.

Luis Poirot

UMA CASA NA AREIA

A CHAVE

Perco a chave, o chapéu, a cabeça! A chave é a do armazém do Raúl, em Temuco. Estava lá fora, imensa, perdida, indicando aos indígenas o armazém La Llave. Quando vim para o Norte, eu a pedi a Raúl, arranquei-a dele, roubei-a entre borrasca e vendaval. Levei-a a cavalo até Loncoche. Dali a chave, como uma noiva branca, acompanhou-me no trem noturno.

Percebi que tudo que havia perdido na casa foi levado pelo mar. De noite o mar se infiltra por buracos de fechaduras, por baixo e por cima de portas e janelas.

Como de noite, na escuridão, o mar é amarelo, pressenti, sem comprovar, sua secreta invasão. Encontrava no porta guarda-chuva, ou nas doces orelhas de María Celeste, gotas de mar metálico, átomos de sua máscara de ouro. Porque de noite o mar é seco. Conservou sua dimensão, seu poderio, seu marulho, mas se transformou numa grande taça de ar sonoro, num volume inapreensível que se despojou de suas águas. Por isso entra em minha casa, para saber o que tenho e quanto tenho. Entra de noite, antes do alvorecer: tudo na casa fica quieto e salobre, os pratos, as facas, as coisas arranhadas por seu contato selvagem não perderam nada, mas se assustaram quando o mar entrou com todos os seus olhos de gato amarelo...

Assim perdi a chave, o chapéu, a cabeça.

O oceano os levou em seu vaivém. Numa nova manhã eu os encontro. Pois me são devolvidos por uma onda mensageira que deposita coisas perdidas à minha porta.

Assim, por artes de mar, a manhã me devolveu a chave branca de minha casa, meu chapéu coberto de areia, minha cabeça de náufrago.

O MAR

O oceano Pacífico transbordava do mapa. Não havia onde colocá-lo. Era tão grande, desordenado e azul que não cabia em nenhum lugar. Por isso o deixaram diante de minha janela.

Os humanistas se preocuparam com os pequenos homens que devorou em seus anos:

Não contam.

Nem aquele galeão carregado de cinamomo e pimenta que o perfumou no naufrágio.

Não.

Nem a embarcação dos descobridores que rolou com seus famintos, frágil como um berço desmantelado no abismo.

Não.

O homem no oceano se dissolve como ramo de sal. E a água nao sabe disso.

O MAR

O Mar do Sul! Avante, descobridores! Balboas e Lapérouses, Magalhães e Cooks, por aqui, cavalheiros, não tropeçar neste recife, não se enredar no sargaço, não brincar com a espuma! Para baixo! Para a plenitude do silêncio! Conquistadores, por aqui! E agora chega!

É preciso morrer!

O MAR

E continuam se movendo a onda, o canto e o conto, e a morte!

O velho oceano descobriu às gargalhadas seus descobridores. Manteve sobre seu movimento maoris inconstantes, fidjianos que se devoravam, samoas comedores de nenúfares, loucos de Rapa Nui que construíam estátuas, inocentes do Taiti, astutos das ilhas, e depois biscainhos, portugueses, estremenhos com espadas, castelhanos com cruzes, ingleses com taleigas, andaluzes com violões, holandeses errantes. E daí?

O MAR

O mar os descobriu sem ao menos olhá-los, com seu contato frio os derrubou e os registrou quando passaram em seu livro de água.

O oceano prosseguiu com sua agitação e seu sal, com o abismo. Nunca se encheu de mortos. Procriou na grande abundância do silêncio. Ali a semente não se enterra nem a casca apodrece: a água é esperma e ovário, revolução cristalina.

A AREIA

Estas areias de granito amarelo são exclusivas, insuperáveis. (A areia branca, a areia negra aderem à pele, às vestes, são impalpáveis e intrusas.) As areias douradas de Isla Negra parecem feitas de pequeníssimos penhascos, como se procedessem de um planeta demolido, que ardeu longe, lá em cima, remoto e amarelo.

Todo mundo atravessa a orla arenosa se agachando, e procurando, vasculhando, tanto que alguém chamou esta costa de "a Ilha das Coisas Perdidas".

O oceano é incessante provedor de tábuas carcomidas, de bolas de vidro verde ou de boias de cortiça, de fragmentos de garrafa enobrecidos pelo marulho, de detritos de caranguejos, caracóis, lapas, objetos devorados, envelhecidos pela pressão e pela insistência. Existe entre espinhas quebradiças ou ouriços minúsculos ou patas de siri-azul, o serpentino *cochayuyo*, nutrição dos pobres, alga interminável e redonda como uma enguia, que desliza e brilha, sacudida mesmo na areia pela onda reticente, pelo oceano que ainda a persegue. E já se sabe que essa planta do mar é a mais comprida do planeta, crescendo até quatrocentos metros, presa por uma titânica ventosa às rochas, sustentando-se com uma divisão de flutuadores que suportam a cabeleira da alga *macrocystis* com milhares de tetinhas de âmbar. E como no território andino voa o condor e sobre o mar chileno se reúnem planando todas as famílias do albatroz e como o cachalote ou baleia dentada submergiu em nossas águas e aqui sobrevive, somos uma pequena pátria de asas muito grandes, de cabeleiras muito longas sacudidas pelo grande oceano, de presenças sombrias nas adegas do mar.

AS ÁGATAS

Mas de onde vêm às minhas mãos estas ágatas? Toda manhã aparecem diante de minha porta, e é a disputa auroral, pois algum pastor perdido de terra adentro, ou González Vera, ou Lina ou María podem brigar pelas pequenas pedras translúcidas com os Yankas, mariscadores de ofício, que, ao pé do mar, espreitam a mercadoria e acreditam ter direito a tudo que a onda joga fora.

A verdade é que eles sempre madrugaram, e eis outra vez o tesouro que o mar manda para mim só nas mãos deles, tanto a pedra ou as cem pedras ou o quilo ou o tonel.

E na mão as misteriosas gotas de luz redonda, cor de mel ou de ostra, parecidas com uvas que se petrificaram para caber nos versos do *Genil* de Espinosa, suavemente polvilhadas por alguma divindade cinzenta, às vezes perfuradas no centro por algum aguilhão de ouro, como se erodidas pela mais diminuta das ondas: ágatas de Isla Negra, neblinosas ou azuis-celestes, suavemente carmíneas ou verdiverdes, ou avioletadas ou avermelhadas ou salgadas por dentro como cachos de uva moscatel: e amiúde estáticas de transparência, abertas à luz, entregues pelo favo do oceano ao arbítrio do cristal: à pura pureza.

AS PLANTAS

Quase ninguém conhece, ou todos desconhecem, em suspense, essas plantas hirsutas da orla. Perguntei muitas vezes, a um ou outro, mas tive respostas evasivas de pescadores, de camponeses ou de crianças. Na verdade, ninguém sabe como se chama a epiderme da gente, a pele da orelha: a tez que rodeia teu umbigo não tem nome: e essas vegetações castigadas pelo vento salobre são a pele e a epiderme do território marinho.

PRÊMIO NOBEL EM ISLA NEGRA (1963)

Quando disseram na rádio, repetindo várias vezes, que meu nome estava sendo discutido entre os outros indicados ao Prêmio Nobel de Literatura, Matilde e eu pusemos em prática o plano n. 3 de Defesa Doméstica. Pusemos um cadeado grande no velho portão de Isla Negra e nos apetrechamos de alimentos e de vinho tinto. Acrescentei alguns romances policiais a essas perspectivas de enclausuramento.

Os jornalistas logo chegaram. Nós os mantivemos afastados. Não conseguiram transpor aquele portão. O grande cadeado de bronze não é só bonito, é poderoso. Atrás dele, rondavam como tigres. A que se propunham? O que eu podia dizer de uma discussão da qual só participavam acadêmicos suecos do outro lado do mundo? No entanto, lá estavam os jornalistas me mostrando com seus olhares suas intenções de tirar leite de pedra. Logo emigraram.

A costa estava livre de ameaças. Mesmo assim, continuamos invisíveis.

A primavera tinha sido tardia nesse ano de 1963, no litoral do Pacífico Sul. Esses dias solitários me serviram para fazer amizade com a primavera marinha. Embora tarde, ela havia se enfeitado para sua festa solitária. No verão não cai uma única gota de chuva. A terra é gredosa, hirsuta, pedregosa. Não se vê um fiapo verde. No inverno o vento do mar desata fúria, sal, espuma das grandes ondas, e a natureza surge atormentada, vítima de uma força terrível.

A primavera começa com um grande trabalho amarelo. Tudo se cobre de inumeráveis, minúsculas flores douradas.

Essas germinações pequenas e poderosas cobrem as encostas, rodeiam as rochas, avançam para o mar e aparecem no meio do caminho, ali onde é preciso pisar todos os dias, como se quisessem nos desafiar, provar-nos sua existência. Mantiveram por tanto tempo uma vida invisível, a desolada negação da terra estéril, que agora tudo lhes parece pouco para sua fecundidade amarela.

Depois as pequenas flores pálidas desaparecem e tudo se cobre de uma intensa floração violeta. O coração da primavera passou do amarelo ao azul, e depois ao vermelho. Como as pequenas, desconhecidas, infinitas corolas substituíram umas às outras? O fato é que um dia o vento sacudia uma cor e depois outra cor, como se ali, entre aquelas colinas, mudasse o pavilhão da primavera, e suas diferentes repúblicas ostentassem os estandartes da invasão.

Nesta época florescem os cactos da costa. Longe desta região, nos contrafortes da cordilheira andina, os cactos se elevam gigantescos, estriados e espinhosos, como colunas hostis. Os cactos da costa são pequenos e redondos. Agora eu vi cada um deles se coroar com vinte botões escarlates, como se uma mão tivesse deixado ali seu tributo de sangue. Mas se abriram, e diante das grandes espumas se avistam milhares de cactos acesos por suas flores plenárias.

O velho agave de minha casa tirou do fundo das entranhas sua floração suicida. Esta planta, azul e amarela, gigantesca e carnuda, durou mais de dez anos junto a minha porta, crescendo até ficar mais alta que eu. E agora floresce para morrer. Erigiu uma poderosa lança verde que subiu a sete metros de altura, interrompida por uma inflorescência seca, levemente coberta de ouro em pó.

Depois as folhas colossais do *Agave americana* despencam e morrem.

Ao lado da grande flor que morre, eis outra flor titânica nascendo. Ninguém deve conhecê-la fora de minha pátria. Ela existe apenas nestas margens antárticas. Chama-se *chahual* (*Puya chilensis*). Essa planta ancestral foi adorada pelos araucanos. O antigo Arauco não existe mais. O sangue, a morte, o tempo e depois a harpa épica de Ercilla encerraram a antiga história: a tribo de argila que despertou bruscamente da geologia e foi defender a terra pátria contra os invasores. Ao ver suas flores surgindo novamente, sobre séculos de mortos obscuros, sobre camadas e camadas de sangrento esquecimento, acredito que o passado da terra floresce contra o que somos, contra o que somos agora. Só a terra continua sendo, defendendo a essência.

Mas me esqueci de descrevê-la.

É uma bromeliácea de folhas agudas e serrilhadas. Irrompe nos caminhos como um incêndio verde, acumulando suas misteriosas espadas numa panóplia. Porém, de repente, uma única flor colossal, um cacho nasce de seu talo, como uma imensa rosa verde da altura de um homem. Essa única flor composta, como um pólipo marinho, de uma multidão de florzinhas que se agrupam numa única catedral verde, coroada pelo pólen de ouro, resplandece à luz do mar. É a única imensa flor verde, o verde monumento da onda.

Faz tempo que os camponeses e os pescadores de meu país esqueceram os nomes das pequenas plantas, das pequenas flores que não têm nome. Pouco a pouco foram esquecendo e lentamente as flores perderam seu orgulho. Ficaram emaranhadas e escuras, como as pedras que os rios arrastam desde a neve andina até os desconhecidos litorais. Camponeses e pescadores, mineiros e contrabandistas estiveram dedicados à sua própria aspereza, à contínua morte e ressurreição de seus deveres e derrotas. É difícil ser herói de territórios ainda não descobertos: a verdade é que neles, em sua pobreza, só resplandece o sangue anônimo e florescem as flores cujo nome ninguém conhece.

Entre elas há uma que invadiu minha casa toda. É uma flor azul de talo longo e orgulhoso. Esse talo é lustroso e resistente. Em sua ponta se balançam as múltiplas florzinhas infra-azuis. Não sei se a todos será dado contemplar o azul mais excelso. Será revelado somente a alguns e permanecerá fechado, invisível, para alguns outros humanos aos quais algum deus azul negará essa contemplação? Ou será que se trata de minha própria alegria, nutrida na solidão e transformada em orgulho ao me encontrar com esse azul, essa espiga azul, esse fogo azul, na abandonada primavera?

Por último falarei das *docas*. Não sei se existem em outros lugares essas plantas, multiplicadas aos milhões, que arrastam pela areia seus dedos triangulares. A primavera encheu essas mãos caídas de insólitos anéis cor de amaranto. Essas *docas* têm um nome grego: *Aizoaceae*. O esplendor de Isla Negra nesses dias tardios de primavera são as *Aizoaceae* que derramam uma invasão marinha, como a emanação da gruta do mar, dos racimos que Netuno Marinheiro acumulou em sua adega.

E justo nesse momento, a rádio nos anuncia que um bom poeta grego ganhou o renomado Prêmio. Agora, Matilde e eu ficamos tranquilos. Solenemente, retiramos o grande cadeado do velho portão para que todo mundo continue entrando sem bater às portas de minha casa, sem se anunciar. Como a primavera.

AS PEDRAS

Pedras, penhas, penhascos... Talvez fossem segmentos da explosão. Ou estalagmites um dia submersas ou fragmentos hostis da lua cheia ou quartzo que mudou de destino ou estátuas que o tempo e o vento esmigalharam e sovaram ou carrancas de navios imóveis ou mortos gigantes que se transmutaram ou tartarugas de ouro ou estrelas encarceradas ou marejadas espessas como lava que de repente ficaram quietas ou sonhos da terra anterior ou verrugas de outro planeta ou faíscas de granito que se detiveram ou pão para antepassados furiosos ou ossos oxidados de outra terra ou inimigos do mar em seus baluartes ou simplesmente pedra áspera, cintilante, cinza, pura e pesada para que construas com ferro e madeiras uma casa na areia.

A CASA

A casa... Não sei quando nasceu em mim... Era o meio da tarde, chegamos a cavalo naquelas solidões... *Don* Eladio ia na frente, vadeando o esteiro de Córdoba que tinha subido... Pela primeira vez senti, feito uma aguilhoada, esse cheiro de inverno marinho, misto de boldo e areia salgada, algas e cardos.

DON ELADIO

Aqui, disse *don* Eladio Sobrino (navegante), e ali ficamos. Depois a casa foi crescendo, como a gente, como as árvores. Mais tarde perdemos *don* Eladio. Tinha muitos anos e era incansável e alegre. Era andaluz, o capitão Sobrino. Na última vez que veio nos ver cantou a tarde inteira antigas canções serranas e marinhas. No mesmo dia em que deixou de cantar e de navegar para sempre, me encarapitei na escada, e na grande escuna veleira pendurada sobre a lareira escrevi seu nome em letras maiúsculas. Assim, chama-se *Don Eladio* a embarcação que os marinheiros emigrados do *Manuel Arnús* fizeram para mim em Veracruz.

(O grande barco estava encostado na orla, ondulando com todas as suas camisetas, lençóis e ceroulas.

A marinhagem me reconheceu. Convidaram-me para suas pobrezas. E porque cantamos e bebemos juntos, os andaluzes construíram pacientemente este modelo. "Dos que saem de Puerto Santa María", avisaram-me.)

Sobre a lareira de pedra de Isla Negra navega a *Don Eladio*. Como foi bem nomeada!

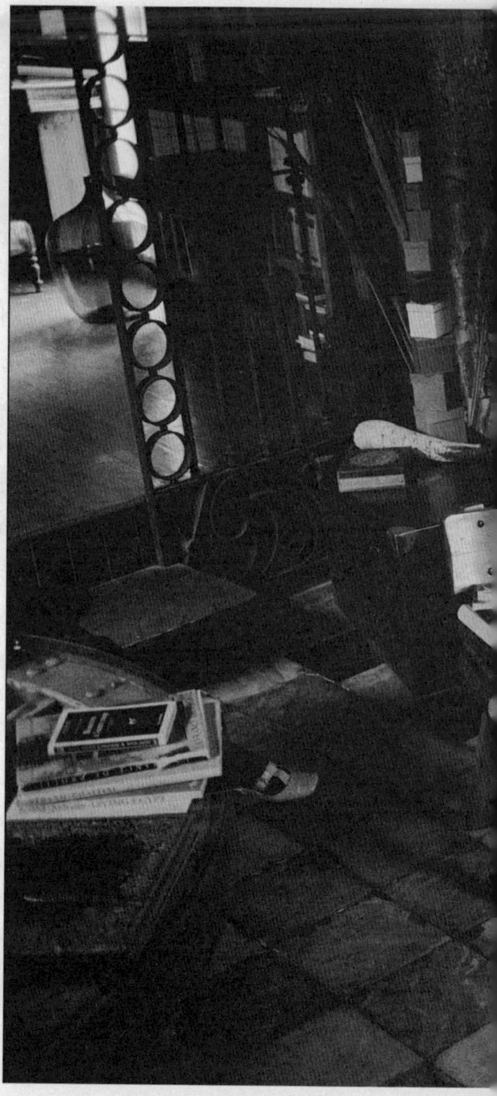

O POVO

Anos mais tarde, quando Germán, o arquiteto, interveio, ele teve que se entender com o mestre de obras *don* Alejandro. Tem que ver essas mãos. Não há pedra que resista a elas. Nem prego, nem parafuso, nem grampo, nem serrote, nem martelo, nem perno, nem garrafa. Não há canteiro como ele, nem carpinteiro como ele, nem pedreiro, nem tão estupendo bebedor de vinho tinto quanto o Mestre de Obras. Aqui por essas margens, mar infinito (que ele não olha), trabalho e vinho.

Germán constatou como *don* Alejandro levantava uma dessas pedras pesadas e quadradas, olhava-a à contraluz e, rápido, fazia voar uma aresta. A pedra cintilava. E depois era emparedada na liga do cimento. Então a casa foi uma espécie de cacho de uvas de granito, que foi brotando nas mãos formidáveis do mestre García.

Germán e eu o procurávamos lá em cima entre as vigas, para corrigi-lo ou para aprender melhor.

Não havia ninguém.

Voou com seus aprendizes. Não podia ser, era só quinta-feira. Mas talvez o vento da Oceania, que surge de tarde em tarde pela costa, tenha topado com os pedreiros e com a quinta-feira, lá em cima, entre as tesouras. Então eles desceram ou subiram até o vinho mais próximo, o de Florencio, e durante três dias os martelos e os maços ficaram jogados na areia. Mas, atenção! Lá em cima outra vez, trabalhando como formidáveis, cautelosos titãs. Lá estão eles.

E *don* Alejandro García sopesando o paralelepípedo, cortando as uvas de granito, e fazendo minha casa crescer como se ela fosse uma arvorezinha de pedra, plantada e elevada por suas grandes mãos escuras.

O POVO

Assim como eu sempre pensei em mim como poeta carpinteiro, penso que Rafita é poeta da carpintaria. Traz suas ferramentas embrulhadas num jornal, debaixo do braço, desenrola o que me parecia um capítulo e pega os cabos gastos de martelos e limas, perdendo-se depois na madeira. Suas obras são perfeitas. O menininho e o cachorro o acompanham e fitam suas mãos circulando com esmero. Ele tem esses olhos de San Juan de la Cruz e essas mãos que levantam troncos colossais com tanta fragilidade quanto sabedoria.

Escrevi com giz os nomes de meus amigos mortos sobre as vigas de *raulí*,* e ele foi cortando minha caligrafia na madeira tão velozmente como se tivesse ido voando atrás de mim e escrevesse outra vez os nomes com a ponta de uma asa.

---

* *Nothofagus alpina*, espécie arbórea presente nas florestas subantárticas do Chile e da Argentina. *Raulí* vem do mapuche *ryulin*. (*N. da T.*)

OS NOMES

Não os escrevi nas vigas do telhado por serem grandiosos, mas por serem companheiros.

Rojas Giménez, o transumante, o noturno, transpassado por despedidas, morto de alegria, o das palomas, o louco da sombra.

Joaquín Cifuentes, cujos tercetos rolavam como pedras do rio.

Federico, que me fazia rir como ninguém e que deixou todos nós enlutados por um século.

Paul Éluard, cujos olhos cor de não-me-esqueças parece que continuam azuis-celestes e que guardam sua força azul sob a terra.

Miguel Hernández, assobiando para mim como um rouxinol lá das árvores da rua da Princesa antes que os presídios capturassem meu rouxinol.

Nazim, aedo rumoroso, cavaleiro valente, companheiro.

Por que partiram tão cedo? Seus nomes não vão resvalar das vigas. Cada um deles foi uma vitória. Juntos, foram para mim toda a luz. Agora, uma pequena antologia de minhas dores.

Nazim Hikmet
Sanchez
5 NO SOLO SER ADAN
DE BAR O MESALINA
DÉFENSE D'URINER
Jornadas nerudianas
Prix Nobel
Littérature
1971
PABLO NERUDA
Gallimard
Ballantine's
VELADA
Pablo
NERUDA
PABLO NERUDA
$2500
REWARD
$7,000 IN COIN
REWARD OF $2500
PABLO NERUDA
Magyarországra
érkezik
stagione 1969 70
23° anno del
al Piccolo Teat
da venerdì 10
aprile 1970
Splendore
e morte
di Joaquín
Muriet
PABLO NERUDA
UDOLF HAGELSTANGE

DENTE DE CACHALOTE

Do mar veio um dia
ressumando
existência,
sangue, sal, sombra verde,
onda que a caçada ensanguentou,
espuma esfaqueada
pela forma erótica
de seu dono:
dança
dos
escuros,
tensos,
monásticos
cachalotes
no sul do oceano
do Chile.
Mar
alto
e maré,
latitudes
do mais longínquo
frio:
o ar
é uma
taça
de
claridade gelada
por onde

deslizam
as asas
do albatroz
como esquis do céu.

Lá embaixo
o mar
é uma
torre
desmoronada e construída,
uma caçarola onde fervem
grandes ondas de chumbo,
algas que sobre
o lombo das águas
resvalam
como calafrios.
De repente sobrevêm
a boca
da vida
e da morte:
a abóbada
do semissubmerso
cachalote,
o crânio
das profundezas,
a cúpula
que
sobre
a onda eleva
sua dentada,
toda

sua
serraria submarina.
Acendem-se, cintilam
as brasas do marfim,
a água
inunda
aquele sorriso atroz,
mar e morte navegam
junto
do navio negro que entreabre
como uma catedral sua dentadura.
E quando a cauda
enfurecida
já caiu como palmeira
sobre a água,
o animal
saído do abismo
recebeu
a centelha
do homem pequenino
(o arpão
dirigido
pela mão molhada
do chileno).
Quando
regressou
dos
mares,
de seu dia sangrento,
o marinheiro
num

dos dentes
da fera
gravou com uma faca
dois retratos: uma
mulher e um homem
se despedindo,
um navegante
pelo amor
ferido,
uma noiva na proa
da ausência.
Quantas
vezes tocou meu coração, minha mão,
aquela
lua
de mel
marinha
desenhada
no dente.
Como amei
a corola
do
doloroso
amor
escrita
em marfim
de baleia
carniceira,
de cachalote louco.
Suave
linha

do
beijo
fugidio,
pincel
de flor marinha
tatuada
no focinho
da onda,
nas fauces terríveis
do oceano,
no alfange
desencadeado
desde
as trevas:
ali
estampado
o canto
do
amor errante,
a despedida
das
flores-de-laranjeira,
a neblina,
a luz
daquele
amanhecer
molhado
por tempestuosas lágrimas
de aurora baleeira.
Ó amor,
ali

nos lábios
do mar,
condicionado
a
um
dente
da onda,
com o
rumor
de
uma
pétala
genérica
(sussurro de asa quebrada
entre o intenso
perfume
dos jasmins),
(amor
de hotel
entrecerrado, escuro,
com heras amarradas
ao ocaso),
(e um beijo
duro como
pedra que ataca),
depois
entre boca e boca
o mar
eterno,
o arquipélago,
o colar das

ilhas
e as naus
cercadas
pelo frio,
esperando
o animal azul
das profundezas
australianas
do oceano,
o animal nascido
do dilúvio
com sua ferraria
de safiras.

Agora descansa aqui
sobre minha mesa e diante
das águas de março.

Já volta
ao regaço arenoso da costa,
o vapor do outono, a lâmpada
perdida,
o coração de névoa.
E o dente da fera,
tatuado pelos dedos delicados
do amor,
é a minúscula nau
de marfim que regressa.
Agora as vidas
do homem e seus amores,
seu arpão sangrento, tudo

o que foi carne e sal, aroma e ouro
para o desconhecido marinheiro,
no mar da morte virou pó.
E de sua vida só
restou o desenho
feito
pelo amor
no dente terrível
e o mar, o mar
pulsando,
como ontem, abrindo
seu leque de ferro,
desatando e atando
a rosa submersa
de sua espuma,
o desafio
de seu vaivém eterno.

A MEDUSA I

Esconderam-me em Valparaíso. Eram dias turbulentos e minha poesia andava pelas ruas. Isso incomodou o Sinistro. Pediu minha cabeça. Foi nas colinas do Porto. Os rapazes chegavam de tarde. Marinheiros sem barco. O que viram na baía? Vão me contar tudo.

Porque eu, de meu esconderijo, só conseguia olhar através de meio vidro da janela íngreme. Dava para um beco, lá embaixo.

A notícia foi que uma velha nau estava sendo desmanchada. Será que não tem uma figura na proa?, perguntei com ansiedade.

Claro que tem uma *mona*, disseram-me os rapazes. Uma *mona* ou um *mono*, para os chilenos, é a denominação de uma estátua imprecisa.

A partir desse momento, dirigi as fainas lá das sombras. Como dava muito trabalho despregá-la, ela seria dada a quem a levasse.

Mas a Carranca devia seguir meu destino. Era muito grande e precisava ser escondida. Onde? Os rapazes encontraram, por fim, um barracão anônimo e extenso. Lá, foi sepultada num canto enquanto eu atravessava as cordilheiras a cavalo.

Quando voltei do desterro, anos depois, tinham vendido o barracão (com minha amiga, talvez). Fomos procurá-la. Estava honestamente erigida, num jardim do interior. Ninguém sabia mais de quem era nem quem era.

Deu tanto trabalho tirá-la do jardim como do mar. Um dia de manhã, Solimano levou-a para mim num caminhão imenso. Com esforço, nós a descarregamos e a deixamos inclinada diante do oceano na ponta, sobre o banco de pedra.

Eu não a conhecia. Tinha detalhado toda a operação do desmanche desde minhas trevas. Depois a violência nos separou; mais tarde, a terra.

Agora a vi, coberta de tantas camadas de tinta que não se percebiam nem orelhas nem nariz. Era, sim, majestosa em sua túnica volante. Lembrou-me Gabriela Mistral quando, ainda muito novo, eu a conheci em Temuco, e ela passeava, do coque às botinas, envolta em paramentos franciscanos.

A MEDUSA II

A Medusa então ficou com os olhos para o noroeste e o corpo grande foi disposto como em sua proa, inclinado sobre o oceano. Assim, tão bem disposta, foi retratada pelos turistas de verão e dava-se um jeito para que ela tivesse quase sempre um pássaro sobre a cabeça, andorinha-do-mar errante, rolinha passageira. Todos nós lá de casa nos acostumamos, somando-se também Homero Arce, a quem muitas vezes ditei minhas linhas sob a fronte cinzenta da estátua.

Mas começaram as vigílias. Encontramos as beatas do vilarejo muito ajoelhadas, rezando para a carranca aventureira. E de tarde lhe acendiam velas que o vento, antigo conhecedor de santos, apagava com indiferença.

Era demais: da baía de Valparaíso, na companhia contínua de marinheiros e carregadores, levando uma vida ilegal no subterrâneo político da pátria até virar Pomona de Jardim, sacerdotisa sonora e agora santíssima sectária. Porque, como me jogam a culpa de tudo que acontece no Chile, logo teriam me imputado a fundação de uma nova heresia.

Dissuadimos, Matilde e eu, as devotas contando-lhes a história privada daquela mulher de madeira, e as persuadimos a não continuar lhe acendendo velas que, além do mais, poderiam incendiar a pecadora.

Mas no fim, contra as ameaças do espermacete que suja, das chamas que incineram e da chuva que apodrece, levamos a Medusa para dentro. E a colocamos no coro das carrancas.

Viveu mais uma vez. Porque, ao retirá-la, com formão e goiva removemos uma polegada da tinta grossa e grosseira que a escondia e então ela ostentou seu perfil decidido, suas orelhas requintadas, um medalhão que nunca tinha sido sequer divisado e uma cabeleira selvagem que cobre sua cabeça clara como a folhagem de uma árvore petrificada que ainda se lembra de sua passarada.

O ARMADOR

Não sabiam que era um mascarão, tão longe se afastou do gurupés ancestral. Porque me disseram na Venezuela que serviu de busto monumental de Pai da Pátria. Depois rolou pelos pátios de um colégio, centro de travessuras e alvo de levantes.

Assim que o vi, ensimesmado e perdido entre a iconografia, compreendi de imediato sua origem marinheira. A orla da onda não deixava dúvidas, aquela voluta de água que o artesão sempre deixou ao lado do condutor de proa. Também o mar, e a pedrada de um colegial, com a ruptura do nariz, acentuou seu rosto romântico tão parecido com Pushkin. Entre herói ou poeta, só podia ser armador, dono de navio ali talhado por sua própria empresa e depois aureolado pela rajada.

Os poetas reunidos em Caracas a deram para mim com uma cerimônia que recordo porque as taças tilintavam e a poesia venezuelana estrelava a noite do jardim.

CERIMÔNIA

No ano de 1847 um navio norte-americano, o clipper *Cymbelina*, teve de ancorar numa enseada sem nome do norte do Chile. Lá os homens do mar começaram a despregar a carranca de proa do veleiro. Essa estátua branca e dourada parecia ser uma noiva muito jovem cingida com uma roupagem isabelina. O rosto daquela menina de madeira assombrava por sua beleza lancinante. Os marinheiros do *Cymbelina* tinham se amotinado. Sustentavam que a carranca de proa movia os olhos durante a viagem, desorientando a rota e aterrorizando a tripulação.

Não é uma coisa fácil destronar a regente de um velho e férreo navio. Porém, levados por aquele terror religioso, os marinheiros serraram o poderoso perno que a prendia ao gurupés, cortaram pregos e parafusos até que conseguiram, não sem certo temor ou respeito, descê-la e colocá-la num barco que os levou até a praia.

O mar estava agitado naquele dia de julho. Era pleno inverno e uma chuva grave e lentíssima, estranha àquela região desértica, caía sobre o mundo.

Sete homens de bordo levantaram nos ombros a menina de madeira insolitamente separada de sua nau. Depois cavaram uma cova na areia. Os *guanayes*, aves estercorárias da costa, voavam em círculos, grasnavam e guinchavam enquanto durou a faina inquietante. Estenderam-na na terra, cobriram-na com a areia salitrosa do deserto. Não se sabe se algum dos sepultadores quis rezar ou sentiu alguma rajada repentina de arrependimento e tristeza.

A *garuga*, lenta chuva do norte que oscila entre a névoa ou a fantasmagoria, cobriu de repente a beira do mar, os escarpamentos amarelos e a embarcação que, no grande silêncio, retornou com os homens do mar ao veleiro *Cymbelina* naquela manhã do mês de julho de 1847.

O GRANDE CHEFE COMANCHE

Não sei como conseguiu adentrar sua estatura colossal e a aljava ameaçadora. Chegou aqui e domina por suas penas, pelo perfil indomável, pela dureza de sequoia vermelha que resistiu à marulhada férrea.

Um pele-vermelha de navio baleeiro, de Massachussets, como o que talvez guiava o barco do jovem Melville pelos portos peruanos e chilenos. Pois é sabido que foi estátua preferida dos perseguidores de baleias. E os artesãos de Nantucket os esculpiram mais de uma vez. Quando o vapor surgiu e os veleiros foram esquecidos, os velhos artesãos continuaram talhando esse pele-vermelha, transformado em insígnia de farmácia ou de tabacaria. (Aquelas Boticas del Indio com aroma de cem raízes, quando o alquimista praticava unguentos e obreias com almofarizes e delicadeza!)

O certo é que ele nunca desenrugou o cenho: que com arco, machado, facão e gesto é o valente entre minhas desarmadas donzelas do mar. Nem Búfalo Bill com suas saraivadas de pólvora nem o oceano cheio de monstros recalcitrantes conseguiram alterar seu poderio. Aqui continua intacto e duro.

A SIRENA

Foi no extremo sul, onde o Chile se esgarça e se esgarça. Os arquipélagos, os canais, o território entrecortado, os ciclones da Patagônia, e depois o mar Antártico.

Ali a encontrei: pendia da barcaça pútrida, engordurada, fuliginosa. E era patética aquela deusa na chuva fria, ali no fim da terra.

Entre aguaceiros a libertamos do território austral. A tempo, porque alguns anos depois a barcaça se foi com o maremoto para as profundezas ou para o próprio inferno. Aquela, quando era nau, chamava-se *Sirena*. Por isso ela conserva seu nome de Sirena. Sereia de Glasgow. Não é tão velha. Saiu do estaleiro em 1886. Acabou transportando carvão entre as barcas do sul.

No entanto, quanta vida e oceano, quanto tempo e cansaço, quantas ondas e quantas mortes até chegar ao desamparado porto do maremoto! Mas também, à minha vida.

A MARÍA CELESTE

Alain e eu a tiramos do mercado das pulgas onde jazia sob sete camadas de esquecimento. Na verdade, dava trabalho divisá-la entre camas desmanteladas, ferros retorcidos. Nós a levamos naquele carro de Alain, lá em cima, amarrada, e depois num caixote; demorando muito, chegou ao Porto de San Antonio. Solimano a resgatou da alfândega, invicta, e a trouxe até Isla Negra para mim.

Mas eu me esquecera dela. Ou talvez tivesse guardado a lembrança daquela aparição empoeirada entre a *ferraille*. Só quando tiraram a tampa da pequena caixa sentimos o assombro de sua imponderável presença.

Foi feita de madeira escura e tão perfeitamente doce! E é levada pelo vento que levanta sua túnica! E entre a juventude de seus seios um broche resguarda seu decote. Tem dois olhos ansiosos na cabeça levantada contra o ar. Durante o longo inverno de Isla Negra algumas lágrimas misteriosas caem de seus olhos de vidro e permanecem em suas faces, sem cair. A umidade concentrada, dizem os céticos. Um milagre, digo eu, com respeito. Não enxugo suas lágrimas, que não são muitas, mas que brilham como topázios em seu rosto. Não as enxugo porque me acostumei com seu pranto, tão oculto e recatado, como se não devesse ser notado. E depois os meses frios passam, vem o sol, e o doce rosto de María Celeste sorri suave como a primavera.

Mas, por que chora?

A NOIVA

É a mais amada por ser a mais dolorosa.

A intempérie partiu sua pele em fragmentos ou cascas ou pétalas. Gretou seu rosto. Quebrou suas mãos. Esmigalhou os redondos acariciados ombros. Acariciados pela borrasca e pela viagem.

Ficou como se tivesse sido salpicada pelas mil espumas. Seu nobre rosto gretado se transformou numa máscara de prata combatida e queimada pela tempestade glacial. O recolhimento a envolveu numa rede de cinzas, num enxame de névoas.

A *CYMBELINA*

Ó noiva *Cymbelina*, pura puríssima, suavíssima suave! Ó tu, donzela de mantilha e nariz quebrado! Ó sonho da nau turbulenta, rosa de sal, laranja clara, nenúfar!

Quando me levaram àquela casa onde eu não era esperado, algo me fez voltar e olhar aquela casa deserta pelo olho da fechadura. E ali, no buraco, encontrei pela primeira vez teu perfil errante. Jurei que voltarias ao mar, ao mar de Isla Negra.

Rondei os arredores da casa, expulso pelo proprietário feudal como se eu fosse um malfeitor. Ele recorreu à astúcia e à força. Minhas cartas de amor foram devolvidas, os presentes com que tentei subornar o egoísta foram rechaçados.

Meus amados sequazes Pedregala e Matazán o sitiaram, entraram na marra na mansão, esquartejaram sentinelas, pulverizaram vitrines e à força de artilharia e de blasfêmias resgataram a nevada *Cymbelina*. Essas façanhas ainda são contadas nas tabernas de Valparaíso.

Olha-a tu, antes que a luz ou a noite a levem embora. Marinheira do céu, ainda não se acostumou com a terra. Em séculos de viagem, perdeu fragmentos, recebeu pancadas, acumulou rachaduras, sobreviveu fragrante. A idade marinha, o transcurso, a estrelada solidão, as ondas bruscas, os combates acérrimos, infundiram-lhe um olhar perdido, um coração sem lembranças. É pura noite, pura distância, pura rosa e claridade sossegada, virtude celeste.

Nunca se sabe se irá voar ou navegar de repente, sem aviso, circulando em sua noite ou em sua nau, estampada como uma pomba no vento.

(Nota: Descobri, entretanto, que era ela, *Cymbelina*, quem fazia o navio mudar de rumo. Foi ela a enterrada na areia.)

LA BONITA

Não só a barcaça foi chamada de *La Bonita* como, já desmantelada, surpreendida pelos vendavais do Estreito, passou a ser, sempre bela, joguete de tempestades e desventuras. As costelas do barco conseguiram resistir anos a fio depois do naufrágio, mas a Figura de Proa se desmembrou em pedaços. As grandes ondas a atacaram e suas vestes se perderam, foram exterminados os braços e os dedos, até que, por milagre, aquela cabeça solitária se manteve, como que empalada, no último orgulho da proa.

Ali, num meio-dia apaziguado, encontraram-na as mãos rapaces. Assim andou, de mão em mão.

Mas por aquele rosto nada havia passado. Nem a guerra do mar, nem o naufrágio, nem a solidão tempestuosa de Magalhães, nem a nevasca que morde com dentes de neve. Não.

Permaneceu com seu rosto impassível, com suas feições de boneca, vazia de coração.

Fizeram dela abajur de vestíbulo e a encontrei pela primeira vez sob uma horrorosa cúpula de raiom, com o mesmo sorriso que nunca compreendeu o infortúnio. Até uma orelha, que a tempestade não destruiu, mostrava o lóbulo queimado pela corrente elétrica. Cheio de raiva mandei pelos ares o chapéu barato que parecia satisfazê-la, livrei-a de sua eletrificação ignominiosa para que continuasse me olhando como se nada tivesse acontecido, tão bonita como antes de naufragar no mar e nos vestíbulos.

A MICAELA

A última a chegar em minha casa (1964) foi Micaela.

É corpulenta, segura de si, de braços colossais. Ficou, depois de suas travessias, acomodada num jardim, entre as hortas. Ali perdeu sua condição navegativa, despojou-se do enigma que certamente teve (porque o trouxe dos embarcadouros) e se transformou em terrestre pura, em carranca agrícola. Parece levar em seus braços levantados não a dádiva do crepúsculo marinho, e sim uma braçada de maçãs e repolhos. É silvestre.

A BANDEIRA

Minha bandeira é azul e tem um peixe horizontal que duas esferas armilares encerram ou descerram. No inverno, com muito vento e ninguém por esses ermos, gosto de ouvir a bandeira estalando e o peixe nadando no céu como se estivesse vivo.

E por que esse peixe, me perguntam. É místico? Sim, digo a eles, é o simbólico ictiomim, o precristense, o cisternário, o lucicrático, o frituro, o verdadeiro, o frito, o peixe frito.

— E mais nada?

— Mais nada.

Mas no alto inverno lá em cima a bandeira se debate com seu peixe no ar tremendo de frio, de vento, de céu.

A ÂNCORA

A âncora chegou de Antofagasta. De algum barco muito grande, daqueles que carregavam salitre para todos os mares. Estava lá dormindo nos áridos areais do Norte Grande. Um dia alguém teve a ideia de mandá-la para mim. Com toda sua grandeza e seu peso, foi uma viagem difícil, de caminhão a guindaste, de barco a trem, a porto, a barco. Quando chegou à minha porta não quis mais se mover. Trouxeram um trator. A âncora não cedeu. Trouxeram quatro bois. Eles a arrastaram numa breve corrida frenética, e, então sim, ela se moveu, até ficar reclinada entre as plantas da areia.

— Vai pintá-la? Está enferrujando.

Não importa. É poderosa e calada como se continuasse em sua nau e o vento corrosivo não a esganiçasse. Gosto dessa escória que a vai recobrindo com infinitas escamas de ferro alaranjado.

Cada um envelhece à sua maneira, e a âncora se mantém na solidão como em sua nau, com dignidade. Quase não dá para notar em seus braços o ferro desfolhado.

O LOCOMÓVEL

Tão poderoso, tão trigueiro, tão procriador e assobiador e rugidor e atroador! Trilhou cereais, ventaneou serragem, derrubou bosques, serrou dormentes, cortou tábuas, soltou fumaça, graxa, faíscas, fogo, lançando apitos que estremeciam as pradarias.

Gosto dele porque se parece com Walt Whitman.

AMOR PARA ESTE LIVRO

Nestas solidões fui poderoso
da mesma forma que uma ferramenta alegre
ou como relva impune que solta suas espigas
ou como um cão que se espoja no sereno.
Matilde, o tempo vai passar gastando e acendendo
outra pele, outras unhas, outros olhos, e então
a alga que açoitava nossas pedras bravias,
a onda que constrói, sem cessar, sua brancura,
tudo terá firmeza sem nós,
tudo estará pronto para os novos dias
que não conhecerão nosso destino.

O que deixamos aqui senão o grito perdido
do *queltehue*,* na areia do inverno, na rajada
que cortou nosso rosto e nos manteve
erguidos na luz da pureza,
como no coração de uma estrela preclara?

O que deixamos vivendo como um ninho
de ásperas aves, vivas, entre as brenhas
ou estáticas, em cima dos penhascos frios?
E então, se viver foi somente antecipar-se
à terra, a este solo e à sua aspereza,
livre-me, meu amor, de não conseguir, e me ajude
a voltar a meu posto sob a terra faminta.

---

* Voz mapuche que nomeia a ave do gênero *Vanellus chilensis*, conhecida no Brasil como quero-quero. (*N. da T.*)

Pedimos ao oceano sua rosa,
sua estrela aberta, seu contato amargo,
e ao aflito, ao ser irmão, ao ferido
demos a liberdade recolhida no vento.
Já é tarde. Talvez
tenha sido só um longo dia cor de mel e azul,
talvez só uma noite, como a pálpebra
de um olhar sério que abarcou
a medida do mar que nos rodeava,
e neste território tenhamos fundado só um beijo,
só o inapreensível amor que aqui permanecerá
vagando entre a espuma do mar e as raízes.

O MAR

O mar retumba como um combate antigo. O que arrasta lá embaixo? Tomates, tonéis, toneladas de trovões, torres e tambores. Quando estremece suas ferrarias, minha casa estremece. A noite se sacode, o som atinge um obscuro paroxismo em que já não sabemos de nada, no entressonho, na espessura do apogeu tempestuoso, despertando fora de hora quando o golpe daquela onda gigante já desapareceu na areia e se transformou em silêncio.

O MAR

O inquietante é a grande barriga azul, grávida e grave, que balança, vagarosa, que não vem nem vai nem ataca nem espreita.

O que vai nascer? pergunta o homem para a bonança redonda. E pouco a pouco vai se embalando e adormecendo, metido mais uma vez no berço terrível.

O MAR

O mar me rodeia, o mar me invade: somos salobres, mesa minha, calças minhas, alma minha: nos convertemos em sal. Não sabemos o que fazer nas ruas, entre as pessoas apressadas, nas boticas, no baile, perdemos os costumes, as palavras em código para comprar e vender. Nossa mercadoria foram algas reluzentes, serpentinas ou foliáceas, pétalas iodadas, mariscos sangrentos. O sal da espuma nos chispeou de tal maneira, o sal do ar nos impregnou como se fôssemos uma casa perdida, até que só salmoura circulou nos cômodos.

O MAR

O sal de sete léguas, o sal horizontal, o sal cristalino do retângulo, o sal borrascoso, o sal de sete mares, o sal.

O MAR

Esta cerca, esta porta para o ilimitado, e por quê?

Herdamos as cercas, os cadeados, os muros, as prisões. Herdamos os limites. E por quê?

Por que não recusamos na hora de nascer tudo que nos concediam e tudo que não abarcávamos? É que tínhamos que estar de acordo antes de ser. Depois de ser e de saber, aprende-se a cercar e a fechar. Nossa mesquinha contribuição para o mundo é um mundo mais estreito.

O MAR

Esta pobre cerca só foi construída para que meus dois cães – Panda e Yufú – não escapassem para matar ovelhas nas terras dos padres. Eles têm rebanhos aqui perto, em Punta de Tralca, junto ao penhasco mais alto da costa. Meus cães ancestrais descobriram as ovelhas, e isso nos pareceu perigoso e selvagem.

Agora os capins da orla, alimentados de orvalho salgado, sobem pelos paus velhos. Esses que branquearam como ossos de baleia e enfraqueceram com o golpe do vento férreo. A velha cerca não serve para nada. Deste lado meus olhos se abrem para o circundante infinito.

O MAR

Para além destes barrotes inúteis, o mar, que realmente não sabe que está circunscrito e não o reconhece, cantando. Seu ímpeto é amargo, seu canto é estrondo. Sua espuma revolucionária me conta e estoura, me conta e desmorona, me chama e já se foi.

O MAR

Canta e golpeia o mar, não está de acordo. Não o amarrem. Não o encerrem. Ainda está nascendo. A água estoura na pedra e seus infinitos olhos se abrem pela primeira vez. Mas se fecham de novo, não para morrer, e sim para continuar nascendo.

OUTROS LIVROS DE PABLO NERUDA NO GRUPO EDITORIAL RECORD

Ainda

Antologia poética

Canto geral

Confesso que vivi: memórias

Fulgor e morte de Joaquin Murieta

Neruda para jovens

Para nascer nasci

Pelas praias do mundo

Teus pés toco na sombra e outros poemas inéditos

Os versos do capitão

Vinte poemas de amor

A primeira edição deste livro foi impressa nas oficinas da
Plena Print para a
EDITORA JOSÉ OLYMPIO LTDA. em agosto de 2025.

*

94º aniversário desta Casa de livros, fundada em 29.11.1931.